Der Arena LeseStier
Sachgeschichten für Erstleser

Ruth Bachhausen
ist Journalistin und Buchautorin.
Sie lebt mit drei Katzen in einem kleinen Ort in Oberbayern.

Milada Krautmann
hat ihre künstlerische Ausbildung
an der Kunstgewerbefachhochschule in Prag
sowie in Brüssel und Paris erhalten.
Sie arbeitet in den verschiedensten Techniken.

Ruth Bachhausen

Das will ich wissen
Katzen

Mit Bildern von
Milada Krautmann

Arena

Die Deutsche Bibliothek – CIP-Einheitsaufnahme

Das will ich wissen – Katzen / Ruth Bachhausen.
Mit Bildern von Milada Krautmann.
- 1. Aufl. - Würzburg: Arena, 1995
(Der Arena LeseStier: Sachgeschichten für Erstleser)
ISBN 3-401-04552-0
NE: Bachhausen, Ruth; Krautmann, Milada; Katzen

1. Auflage 1995
© by Arena Verlag GmbH, Würzburg 1995
Alle Rechte vorbehalten
Einband und Innenillustrationen: Milada Krautmann
Reihengestaltung: Bernhard Hartlieb
Gesamtherstellung: Westermann Druck Zwickau GmbH
ISBN 3-401-04552-0

Inhalt

Wie wir Minni bekamen

Wir waren uns einig,
meine Schwester Betty und ich.
Wir wollten eine Katze haben.
Als unser Vater nach Hause kam,
bettelten wir:
»Papa, dürfen wir eine Katze haben?«

Erst hat Papa nur gelacht.
Doch dann erzählte er
von der vorwitzigen Maus,
die er im Keller gesehen hatte.
Er hatte eine Falle aufgestellt.
Aber die Maus war nicht hineingetappt,
sondern hatte sich nur den Käse
geschnappt.
»Gut«, meinte Papa schließlich.
»Ihr sollt eure Katze haben.«

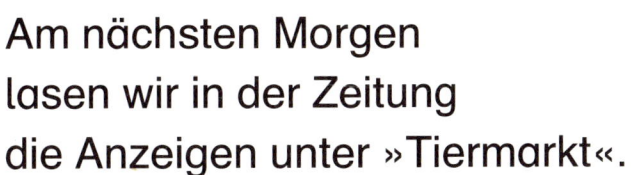

Am nächsten Morgen
lasen wir in der Zeitung
die Anzeigen unter »Tiermarkt«.

Dort stand:

»Junge, weiß-rot-schwarze
Schildpattkatze abzugeben,
sehr lebhaft und verspielt,
nur in gute Hände.
Tel.: 3 33 57«

Gute Hände – na klar, wir waren gemeint.
Papa wählte gleich die Nummer.
Am Telefon meldete sich Frau Knödelmeier.
Papa und Frau Knödelmeier
redeten furchtbar lange miteinander.
Dann legte Papa auf und rief:
»Katrin, Betty, zieht euch an!
Wir können sofort hinfahren.«

15 Minuten später
klingelten wir bei Frau Knödelmeier.
Wir waren höllisch gespannt.
Da öffnete sich die Tür.
Frau Knödelmeier war dick
und hatte ein blaues Kleid an.
Und hinter Frau Knödelmeier,
ganz am Ende des Flurs,
sahen wir sie:
eine knuddelige kleine Katze!
Als wir alle in die Wohnung traten,
verschwand sie durch eine offene Tür.

8

Frau Knödelmeier wollte
Papa und uns begrüßen.
Aber bevor sie hallo sagen konnte,
prustete sie los.
»Hatschi, hatschi«,
und noch einmal »ha – tschi!«
Immer wieder mußte sie niesen.
»Haben Sie sich erkältet?«
fragte Betty höflich.

Frau Knödelmeiers Nase war ganz rot.
»Nein, ich habe doch diese schlimme
Ka – ha – hatschi, Katzenallergie!«
Sie erklärte uns, daß das Niesen
von den Katzenhaaren komme.
»Und deshalb muß ich nun
mein Kätzchen weggeben.
Dabei habe ich es erst seit zwei Wochen.«
Betty und ich hatten keine Katzenallergie.
So ein Glück!

Wir gingen ins Wohnzimmer.
Auf einem dunkelroten Sofa
lag die Katze.
Ihr Fell war weiß,
mit roten und schwarzen Flecken darauf.
Ihre Augen waren dunkelblau.
Sie sah uns an.

Angst schien sie nicht zu haben.
Aber ob sie uns mögen würde?
Betty ging langsam zum Sofa.
Vorsichtig streckte sie ihre Hand aus
und streichelte die Katze.
»So eine süße Katze«, rief sie.
Die Katze schnurrte gemütlich.

»Wie heißt sie denn?«
fragte ich.
»Minni heißt sie«,
antwortete Frau Knödelmeier.
»Sie ist ein Weibchen.
Und sie ist erst zwölf Wochen alt.
Bis vor kurzem wohnte sie noch
bei ihrer Katzenmama auf dem Land.«
Dann wird sie bestimmt
gerne Mäuse fangen,
dachte ich.
Jetzt leckte Minni mit ihrer rosa Zunge
sogar Bettys Hand ab.

Zwischen den beiden war es
Liebe auf den ersten Blick.

Dann ging alles sehr schnell.
Frau Knödelmeier
gab uns einen Tragekorb,
in den wir die Katze hineinsetzten.
Als wir zum Auto gingen,
hörten wir hinter uns immer noch:
»Hatschi, hatschi!«
Wir mußten lachen,
und Minni schnurrte leise mit.
Bestimmt freute sie sich,
denn nun hatte sie ja
die richtige Familie
gefunden.

Eine Katze kommt ins Haus

Katzen sind neugierig und verspielt.
Deshalb machte unser Vater
die Wohnung katzentauglich,
als Minni zu uns kam.

Er versperrte alles Giftige,
zum Beispiel Farben
und Reinigungsmittel,
in einen Schrank.
Damit Minni nicht daran naschte.
Er räumte alles Zerbrechliche
von den Fensterbrettern und Regalen.
Damit Minni nichts kaputtmachte.
An den Fenstern zur Straße
brachte er Fliegengitter an.
So konnte Minni nicht
hinunterfallen.

20

Katzen verkriechen sich gerne
in weiche dunkle Höhlen.
Deswegen schärfte Papa Betty und mir ein,
wir sollten die Waschmaschine
immer geschlossen halten.
Nicht auszudenken,
was sonst passieren könnte,
wenn jemand die Maschine einschaltet.

Schließlich baute Papa
einen Kratzbaum für Minni.
Er wickelte ein dickes Juteseil
um einen feststehenden Holzstab.
An dem Kratzbaum
wetzt Minni ihre Krallen.

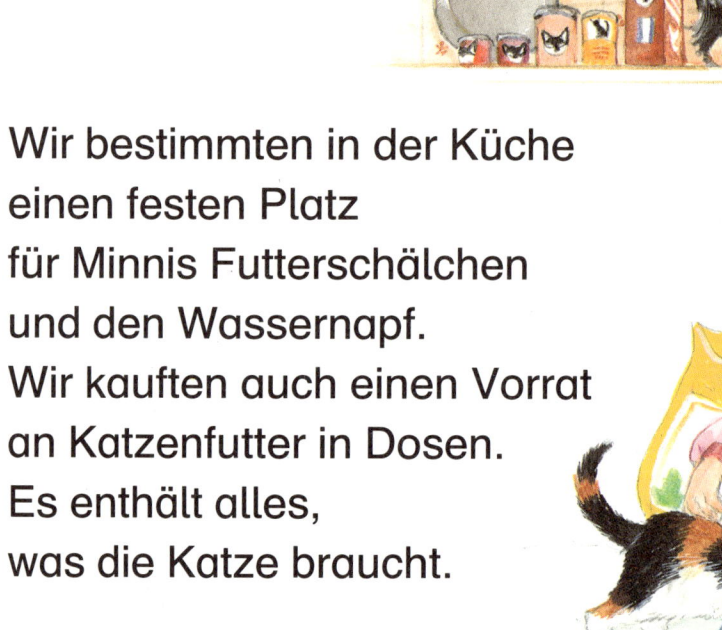

Wir bestimmten in der Küche
einen festen Platz
für Minnis Futterschälchen
und den Wassernapf.
Wir kauften auch einen Vorrat
an Katzenfutter in Dosen.
Es enthält alles,
was die Katze braucht.

In der freien Natur
fressen Katzen frisches Gras.
Das hilft ihnen,
verschluckte Haare wieder auszuwürgen.
Das müssen Katzen tun.
Sonst werden sie krank.
Wer Katzen in der Wohnung hält,
sollte deshalb Gräser
im Blumentopf ziehen.

Das Katzenklo stellten wir im Bad auf.
Man braucht dafür
eine flache Plastikwanne,
die mit Papier ausgelegt wird.
Darüber kommt Katzenstreu.
Sie sollte alle ein, zwei Tage
gewechselt werden.

Schließlich führte Papa
ein ernsthaftes Gespräch mit uns.
Er sagte, daß eine Katze
kein Spielzeug sei,
sondern ein Lebewesen
wie wir auch.

Was will die Katze sagen?

Inzwischen wohnt Minni
schon seit langem bei uns.
Vormittags ist sie ganz allein zu Hause.
Wenn wir aus der Schule kommen,
saust sie auf uns zu
und miaut freundlich.
Ihr Schwanz zeigt gerade in die Höhe.
Das heißt in der Katzensprache:
»Schön, daß ihr wieder da seid!«

Mit der Stellung des Schwanzes
kann die Katze
verschiedene Stimmungen ausdrücken.

Nur die Schwanzspitze
ist leicht angehoben:
Die Katze fühlt sich wohl.

Manchmal ist die Katze gereizt.
Dann schlägt die Schwanzspitze
hin und her.
Spätestens jetzt sollte man
die Katze in Ruhe lassen.
Sonst bekommt man
ihre Krallen zu spüren.

»Auf in den Kampf!«
sagt diese Schwanzstellung.
Wenn sich außerdem
die Fellhaare sträuben,
wenn die Mieze faucht
und einen Buckel macht,
dann geht sie gleich zum Angriff über.

Zeichen der Unterwerfung:
»Ich bin dir unterlegen.«

Zwei Katzen begrüßen sich freundlich.

Warum leuchten Katzenaugen?

Gestern ist Betty
mitten in der Nacht aufgestanden.
Sie wollte sich in der Küche
etwas zu trinken holen.
Im Dämmerlicht tapste sie den Flur entlang.
Da sausten zwei glühende Geisteraugen
an ihr vorbei.
Hilfe, was war das?
Aber dann erkannte sie Minni.
Es waren ihre Augen,
die wie Geisteraugen leuchteten.

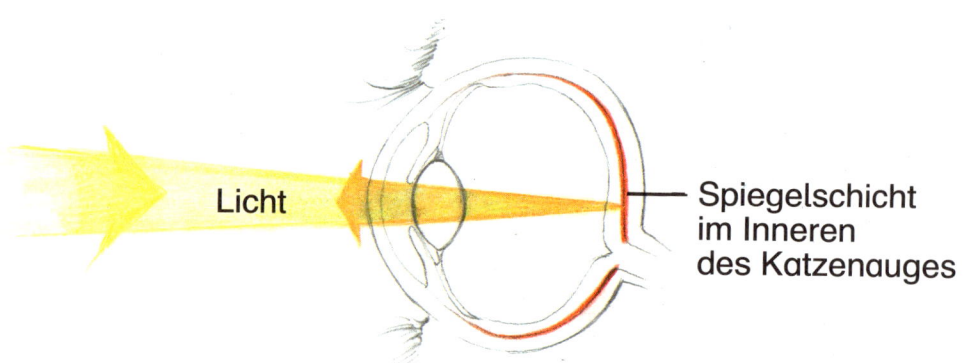

Licht

Spiegelschicht
im Inneren
des Katzenauges

Katzen haben eine Art Spiegel
im hinteren Teil des Auges.
Wenn auf diesen Spiegel Licht fällt,
wird es wieder zurückgeworfen.
Deshalb leuchten Katzenaugen manchmal
wie kleine Taschenlampen.
Allerdings nur,
wenn noch ein bißchen Licht vorhanden ist.
Wenn es stockfinster ist,
bleiben auch Katzenaugen dunkel.

Die Spiegelschicht in den Augen
hilft den Katzen beim Sehen
in der Dämmerung.
Das ist wichtig,
denn in der Dämmerung
gehen Katzen auf die Jagd.

Die Katze als Jäger

Unsere Minni wird jeden Tag gefüttert.
Trotzdem macht sie ab und zu
Jagd auf Mäuse.
Jede Katze ist von Natur aus ein Raubtier.
Sobald sie eine Maus bemerkt,
schleicht sie sich an
und geht in Lauerstellung.

Oft verharrt sie lange Zeit regungslos.
Dann macht sie auf einmal einen Satz
und packt die Maus mit den Vorderpfoten.

Die vier beweglichen Krallen
schnellen hervor.

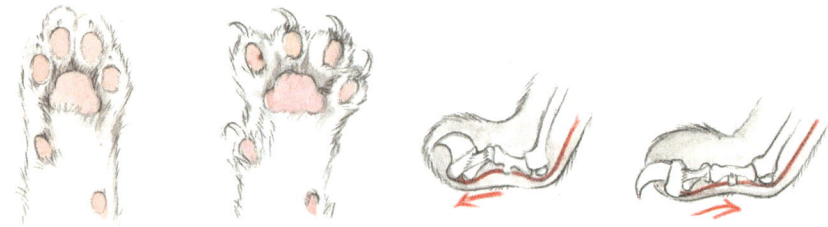

Nun kann die Maus
nicht mehr entkommen.

Durch ihren Körperbau ist die Katze
für die Jagd wie geschaffen.
Beim Laufen berühren nur
ihre Zehenspitzen den Boden.
So kann sie sich
besonders leise anschleichen.

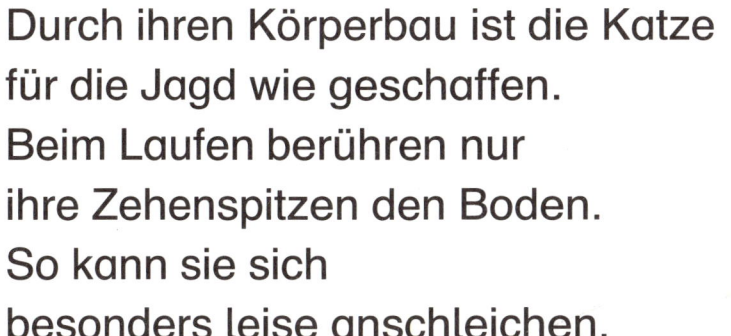

Das Rückgrat der Katze
ist äußerst beweglich.
Sie kann ihren Körper
blitzschnell in jede
Richtung drehen.

Katzen können sehr gut hören,
viel besser als der Mensch.
Sie hören sogar
das Trippeln oder Wispern
von Mäusen.

Aber eine Katze sieht und hört
ihre Beute nicht nur.
Sie fühlt sie auch.
Dafür hat sie die langen Schnurrhaare,
die aus der Oberlippe wachsen.
Mit den Schnurrhaaren
spürt die Katze den Luftzug
einer vorbeisausenden Maus.
Sie braucht die Schnurrhaare auch,
um das Gleichgewicht zu halten.
Ohne ihre Schnurrhaare
würde die Katze hilflos umhertappen.

Die Kinderstube der Katzen

Wir wußten es seit Wochen:
Unsere Minni erwartete Nachwuchs.
Sie war dicker als sonst.
In allen Ecken des Hauses
suchte sie nach einem Plätzchen,
wo sie ihre Jungen
zur Welt bringen konnte.

Betty bastelte ihr eine schöne Kiste.
Sie polsterte einen großen Pappkarton
mit einer sauberen Decke aus.
Vorne schnitt sie
eine runde Tür hinein.

Doch als es soweit war,
beachtete Minni
das weiche Lager gar nicht.
Sie verkroch sich
in Bettys Kleiderschrank
und bekam dort fünf winzige Kätzchen.

Die Katze bringt
nach einer Tragzeit von 65 Tagen
zwei bis sechs Junge zur Welt.
Nach der Geburt jedes Kätzchens
beißt die Mutter die Nabelschnur durch.
Dann leckt sie das Junge
mit der Zunge sauber.
Ein gesundes Kätzchen
fiept sofort kräftig los.
Es sucht nach den Milchzitzen
und beginnt zu saugen.

Nach der Geburt
sind die Kätzchen blind und taub.
Erst nach etwa einer Woche
öffnen sie ihre Augen
und hören die ersten Töne.

34

Katzen sind liebevolle Mütter.
Sie entfernen sich nur selten vom Nest.
Wenn sie Gefahr wittern,
packen sie die Jungen
mit den Zähnen im Genick
und tragen sie am losen Nackenfell
zu einer sicheren Stelle.
Das tut den Kätzchen nicht weh.

In der dritten Lebenswoche
bekommen die Kleinen ihre Milchzähne.
Sie mögen nun feste Nahrung
und fressen aus dem Napf der Mutter.
Jetzt muß die Katzenmutter ihre Jungen
zur Stubenreinheit erziehen.
Sie zeigt ihnen,
wie man den Kot verscharrt.

Ab der sechsten Lebenswoche
lernen die Jungen zu jagen.
Die Katzenmutter zeigt ihnen,
wie es geht.
Erst schleppt sie eine tote Maus herbei.
Die Kätzchen schnüffeln
und lecken vorsichtig daran.
Dann frißt die Katze die Maus.

Später bringt die Katzenmutter
eine lebende Maus mit nach Hause.
Immer wieder läßt sie die Maus laufen
und holt sie mit der Pfote zurück.
Dann dürfen die Kleinen versuchen,
die Maus zu fangen.

Zehn Wochen nach der Geburt
wissen die Kätzchen alles,
was sie für ihr Leben brauchen.
Erst dann darf man sie
von der Mutter trennen.

Die Geschichte der Katzen

Alle Hauskatzen stammen
von Wildkatzen ab.
Wildkatzen leben in der freien Natur.
Sie müssen für sich selbst sorgen.
Sie ernähren sich von Mäusen, Ratten
und anderen kleinen Säugetieren.
Sie fressen auch Vögel, Frösche,
Eidechsen und Insekten.
Es gibt heute noch Wildkatzen.

Die wilde **Steppenkatze**
lebt in Indien.

Die wilde **Falbkatze**
lebt in Afrika.

Und die **Waldwildkatze**
lebt in Europa.

Die Urmutter aller Hauskatzen
ist wahrscheinlich
die afrikanische Falbkatze.
Ihr Fell ist rötlich bis sandfarben.
Falbkatzen haben kleinere
und schmalere Köpfe
als unsere Hauskatzen.
Sie sind auch schlanker.

Die wilden Falbkatzen schlossen sich
vor etwa 10 000 Jahren den Menschen an.
Damals änderte sich
das Leben der Menschen.
Vorher waren sie als Jäger umhergezogen.
Nun bauten sie sich Häuser
und legten Felder an.
Nach der Ernte lagerten sie
das Korn und die Vorräte
in Vorratskammern und Speichern.
Das lockte die Mäuse an.
Und mit den Mäusen kamen die Katzen.

Die Menschen sahen es gerne,
daß die Katzen ihre Kornspeicher
von Mäusen freihielten.

Im alten Ägypten galten Katzen
sogar als heilige Tiere.
Sie bekamen Milch in goldenen Schälchen.
Wer eine Katze schlachtete
oder außer Landes schaffte,
wurde mit dem Tode bestraft.

Aber die Katzen
gelangten trotzdem nach Europa.

Heute ist die Katze bei uns
ein beliebtes Haustier.
Aber es gibt auch
freilebende Wildkatzen
in Europa.
Sie stehen unter Naturschutz.

So viele Katzenrassen

Insgesamt gibt es etwa
60 verschiedene Katzenrassen.
Man unterscheidet
Kurzhaarkatzen und Langhaarkatzen.
Die **Europäische Kurzhaarkatze**
kann ein-, zwei- oder dreifarbig sein.
Viele Vertreter dieser Rasse
haben Streifen, Flecken
oder Punkte im Fell.
Dieses Muster nennt man
in der Fachsprache Tabby
(sprich: Täbbi).
Das Tabbymuster ist
in freier Wildbahn
eine vorzügliche Tarnung.

Die **Kartäuserkatze**
ist eine Kurzhaarkatze
mit graublauem, wolligem Fell.
Sie stammt aus Frankreich
und gilt als ruhig und anhänglich.

Die **Abessinierkatzen** ähneln
den alten ägyptischen Falbkatzen.
Sie sind intelligent
und jagen gerne.
Sie brauchen mindestens
einen Garten als Auslauf.

Siamkatzen stammen aus Thailand.
Früher hieß Thailand nämlich Siam.
Sie sind cremefarben oder bläulich,
haben strahlendblaue Augen
und eine dunkle Gesichtszeichnung.
Man sagt dazu »Gesichtsmaske«.

Die **Perserkatzen**
gehören zu den Langhaarkatzen.
Sie haben ein seidenweiches Fell,
das regelmäßig gebürstet werden muß.
Perserkatzen sind sehr ruhig
und brauchen nur wenig Auslauf.
Deswegen kann man sie gut
in der Wohnung halten.

Katzen leben gerne beim Menschen.
Aber sie lassen sich nicht dressieren.
Sie gehorchen nicht aufs Wort.
Sie sind ganz anders als Hunde.

Wer eine Katze hat, muß wissen,
daß man der Katze
ihren eigenen Willen lassen muß.

Kleines Katzenquiz

Bestimmt kannst du jetzt
die Quizfragen beantworten!
Jeder Punkt steht für einen Buchstaben.
Die eingekästelten Buchstaben
ergeben der Reihe nach
das Lösungswort:
ein Kosewort für Katzen.

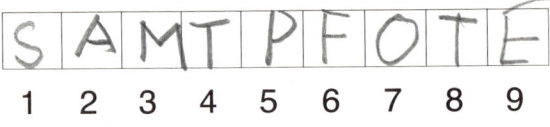

S A M T P F O T E
1 2 3 4 5 6 7 8 9

1. Katzenrasse mit dunkler Gesichtsmaske?

S I A M K A T Z E

2. Wann sind Katzen am muntersten?

N A C H T .

3. Wie heißt Bettys Katze?

M I N N I

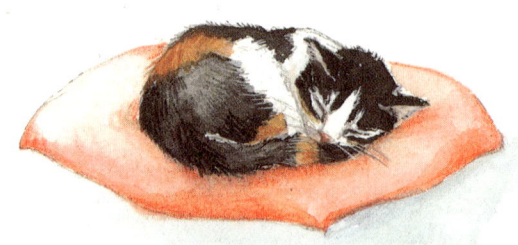

46

4. Streifen- oder Tupfenmuster im Katzenfell?

T A _ _ _ Y

(handwritten: T A_B Y)

5. Wie heißen die Füße der Katze?

P _ _ _ _ _

6. Damit fängt man Mäuse,
   wenn keine Katze im Haus ist:

F _ _ _ _

Mmmh, lecker!

_ O _ _ _

8. Das braucht man, wenn man
   eine Katze in der Wohnung hat:

_ _ _ T _ _ _ _ _

9. Und das auch:

_ _ _ _ E _ _ _

Auflösung:

1. **S**IAMKATZE
2. N**A**CHTS
3. **M**INNI
4. **T**ABBY
5. **P**FOTEN
6. **F**ALLE
7. D**O**SEN
8. KRA**T**ZBAUM
9. KATZ**E**NKLO

Lösungswort: **Samtpfote**